AF395269

MOYEN PRATIQUE

POUR

ENRICHIR LA FRANCE ET LES FRANÇAIS

PROJET DE SOCIÉTÉ

AYANT POUR BUT D'ÉTABLIR

L'ORGANISATION PROFESSIONNELLE EN FRANCE

Par la Réforme électorale

STATUTS ET CONSIDÉRANTS

J.-P. MAZAROZ

Promoteur

A PARIS, CHEZ L'AUTEUR

94, BOULEVARD RICHARD-LENOIR, 94

1er Mai 1883

LA RÉFORME ÉLECTORALE

A Messieurs les commerçants et industriels français en général, et particulièrement aux signataires des pétitions sur le mauvais état des affaires, adressées au Président de la République en février dernier.

> Si nous voulons que notre travail, nos marchandises, enfin nos divers produits, deviennent ARGENT, il faut les coter, c'est-à dire les tarifer et bien se souvenir que : — S'il n'était pas convenu qu'une pièce de cent sous vaut cinq francs, l'argent n'aurait aucune puissance.

Paris, 27 avril 1883.

MESSIEURS,

J'ai eu l'honneur, ces jours derniers, de vous faire le respectueux hommage d'une brochure intitulée : **Moyens pratiques pour enrichir la France et les Français ;** dans cet ouvrage, j'ai développé et précisé, sous beaucoup de ses faces, la grande et généreuse pensée de réforme économique, contenue dans la lettre et dans l'esprit de vos diverses pétitions.

Mais comme un résultat pratique est nécessaire à toute théorie, je viens vous proposer, pour annuler le politicisme et administrer vous-mêmes vos intérêts publics à sa place, un moyen facile à mettre victorieusement à exécution : Ce moyen est représenté par **la Constitution d'une Société anonyme** à Paris, avec succursale ou société affiliée dans chaque département ; le tout, d'après la loi de 1867 qui régit actuellement ce genre de société. (*Voir à la fin*, le BULLETIN D'ADHÉSION.)

Messieurs,

Il y a bien des années que je publie le mal profond fait à la France par les constituants de 1791.

Depuis le même temps, je prévois, publie et annonce la ruine de notre pays, par l'exploitation administrative et financière ainsi que par la division des intérêts producteurs, que ces constituants ont organisées.

Mes divers ouvrages ont intéressé beaucoup de patrons de toutes les professions, — mais comme l'oxyde politicien n'avait pas encore complètement rouillé nos rouages producteurs, et que les affaires marchaient toujours assez bien, la plupart des patrons ne comprenaient pas, comme aujourd'hui, que l'organisation politique d'un pays est l'élément fatal de la ruine de son commerce et de son industrie à une plus ou moins longue échéance; aussi, j'ai reçu, dans ces temps-là, une quantité de lettres contenant les phrases suivantes et d'autres analogues.

« *Les constituants de 1791 étaient de beaucoup plus braves gens que vous ne le pensez.* »

« *Vous mettez sous vos pieds la politique que nous respectons tous.* »

J'ai répondu à l'auteur de cette lettre : « ***Parlez pour vous.*** »

« *Les grèves ne sont pas aussi dangereuses pour l'avenir du travail national que vous le dites.* »

« *Vous prévoyez une ruine imaginaire du commerce, de l'industrie et de la finance, etc., etc.* »

LA DÉCADENCE

Suite inévitable de la servitude volontaire des patrons et ouvriers.

Aujourd'hui que la ruine annoncée a commencé son cours dévastateur, que notre modeste exportation nous est ravie tous les ans davantage par l'Angleterre, l'Allemagne, la Suisse, l'Italie, la Belgique, et même par les Etats-Unis de l'Amérique du Nord. — Aujourd'hui que l'importation des produits étrangers dans nos villes et campagnes, augmente par centaines de millions chaque année ; — les patrons les moins clairvoyants commencent à comprendre que les six milliards cent cinquante millions que nous payons chaque année, auraient pu mieux défendre et même considérablement développer la prospérité de la France et des Français, s'ils avaient été paternellement administrés.

Il n'y a tel que le malheur pour éclairer les hommes, parce que le malheur, seul, peut démontrer pratiquement la fausseté des institutions qui le produisent.

Nos budgets annuels, qui étaient environ de 500 millions de francs au commencement du siècle, alors que la France était double de grandeur qu'aujourd'hui, qu'elle soutenait de grandes guerres contre toute l'Europe; nos budgets annuels, dis-je, ont monté de 20, 50, 100 et jusqu'à 300 millions par an depuis cette époque, mais sans jamais redescendre, alors que le motif faux, vrai ou demi-vrai qui avait motivé leur augmentation, n'existait plus. — Il est certain que tous les frais généraux les plus exagérés de la France, ne représenteraient pas la moitié du chiffre formidable de nos budgets, si les affaires publiques étaient administrées par les contribuables eux-mêmes syndiqués à cet effet.

***

J'ai publié bien des fois les effrayantes progressions budgétaires que je signale ci-dessus, afin de démontrer à mes collègues patrons et ouvriers du travail national que la France marche à pas de géant à la faillite, et que les diverses couches politiques qui se succèdent périodiquement aux administrations publiques, depuis le commencement du siècle, ne pensent qu'à leurs intérêts personnels, et point à ceux du pays.

De même que les chats le font pour leurs excréments, les politiciens voilent le plus possible les cuisines budgétaires; — grâce à cette nuit, ainsi qu'aux luttes et haines entretenues avec tant de soin entre les patrons et ouvriers, l'aveuglement populaire a été longtemps complet, il s'est souvent traduit à mon égard par des dénégations, au moyen desquelles on a trop souvent reçu mes avertissements depuis dix ans. Excédé enfin par de nombreuses lettres, que des ignorants m'écrivaient en m'accusant de doubler le chiffre des budgets, j'ai fait paraître l'article rectificatif suivant dans le journal *la République professionnelle*, du vendredi 16 février 1883.

ÉNORMITÉ DES BUDGETS DE LA FRANCE

Quelques personnes écrivent à notre rédaction que le chiffre de 6,150,000,000 de francs, que la nation française paye tous les ans à ses gouvernants, est considérablement enflé par notre journal.

Comme nous avons l'habitude de n'annoncer à nos lecteurs que les choses pouvant se démontrer, voici la justification que le chiffre ci-dessus n'est qu'inférieur aux impôts réellement payés annuellement par la France.

Le budget de 1880, séance du 10 juillet 1879.

La Chambre établit l'ordre suivant pour la discussion du budget : Légion d'honneur, Guerre, Marine, Finances, Postes et Télégraphes, Justice, Intérieur et Cultes, Agriculture et Commerce, Instruction publique et Beaux-Arts, Travaux publics, Affaires étrangères.

La discussion commence.

M. Allain-Targé s'est fait une spécialité des affaires de finance ; il y apporte un esprit méthodique, un langage clair.

Il se déclare pour la politique de dégrèvements.

L'orateur énumère des chiffres effrayants.

Le budget général monte............	2.750.000.000
Le budget départemental.............	450.000.000
Le budget d'emprunt.................	563.000.000
Le budget du commerce.............	420.000.000

Il représente en tout la somme énorme de QUATRE MILLIARDS CENT TRENTE MILLIONS !!! (1)

(La Petite République française, du 12 juillet 1879.)

A ce chiffre, aujourd'hui plus élevé, il faut ajouter les budgets particuliers des 86 départements et ceux des 34,000 communes de la France, dont l'une, la ville de Paris, a un budget particulier de 250 millions de francs par an pour elle seule.

On voit que le chiffre de 6,150.000,000 de francs, que nous avons indiqué, est encore bien au-dessous du chiffre réel d'impôts que la France paye tous les ans à ses maîtres.

Je continue cette critique, toujours par la brutalité des chiffres.

---

(1) M. Allain-Targé est le premier homme politique qui n'ait pas dissimulé les chiffres des quatre budgets votés par les députés.

LE BILAN DES BUDGETS DE LA POLITIQUE

A ces chiffres effrayants de nos impôts annuels, il faut ajouter environ *vingt-cinq milliards de francs* d'emprunts, dont les membres des diverses corporations gouvernantes se sont fait périodiquement cadeau, depuis le premier Empire jusqu'à ce jour.

Comme je viens de l'indiquer plus haut, les statistiques officielles nous démontrent que :

Les budgets du commencement du siècle étaient environ, par an, de francs.. 500.000.000

En 1814, les budgets étaient progressivement montés environ à francs.. 1.100.000.000
ce qui fait, en quatorze ans, une augmentation de 43 millions par an environ.

La Restauration vote de suite à peu près les mêmes budgets que ceux des dernières années du premier Empire, ce qui a doublé effectivement les dépenses nationales, puisque les traités de 1815 avaient réduit la France de moitié; c'est avec ce supplément énorme dans les dépenses publiques, que la Restauration a pu se faire un parti de politiciens dans le pays.

Chaque changement de gouvernement produit fatalement le même effet.

Les budgets de la monarchie de Juillet commencent, en 1831, par le même chiffre annuel de francs............................. 1.100.000.000
pour dépasser, en 1847, le chiffre de francs........................ 1.600.000.000
ce qui augmente tous les ans la pâture politicienne de 30 millions, sans compter les emprunts.

De 1848 à 1851, les budgets baissent presque de suite de 3 à 400 millions, voici pourquoi : — N'ayant pas de pouvoir bien défini à la tête de l'Etat pour légaliser l'ascension périodique de leurs déprédations, les sectes politiques se gâtaient la main de 1848 à 1851, aussi elles demandaient alors avec furie, dans leurs journaux, *une solution*.

La solution arriva le 2 décembre 1851 par un coup d'Etat, avec le duc de Morny pour secrétaire général, c'est alors que, de francs.. 1.360.000.000
le budget de 1852 remonte d'un seul jet à francs... .... 1.650.000.000

Partant de cette somme déjà immense, les budgets de 1851 jusqu'en 1870 inclus montent de 1,700,000,000 environ, et ils approchent, sur la fin du dernier Empire, de francs.................... 3.000.000.000

100 millions en moyenne d'augmentation annuelle sur les quatre grands budgets, voilà le bilan financier du système gouvernemental que j'ai appelé le mornisme, et qui se nomme aujourd'hui le gambettisme.

En voyant la bénignité des contribuables, qui payent toujours et ne semblent pas se plaindre de ce désordre journalier de la fortune publique, qui est pourtant celle de leurs familles, les politiciens ont de plus en plus levé le masque depuis les premières années du dernier Empire, en continuant de le lever *crescendo* depuis le bonapartisme jusqu'à ce jour.

LE GAMBETTISME

Jamais Gambetta n'a parlé devant une réunion d'intimes sans étaler ses projets de luxe oriental, de magnificences gouvernementales à la Louis XIV, d'emprunts d'Etat pour des travaux imaginaires, de jeux de Bourse à coups sûrs, d'expéditions lointaines et de conversions des dettes publiques, enfin, de grands tripotages financiers à la Morny basés sur ces emprunts, conversions et expéditions, etc. : Les fidèles écoutaient, la langue sur les lèvres, et ils se réjouissaient à l'avance en pensant aux bénéfices, places, remises, pots-de-vin, etc., dont la réalisation des projets du maître allait les gratifier. — Ces fidèles ont vu juste, car les exploitations qu'ils espéraient sont pratiquées, comme il va être constaté, plus fort que jamais depuis douze ans.

Les intimes de Gambetta de 1869, 1870 et 1871, sont devenus, depuis, la majorité des fonctionnaires publics de la France ; il est donc clair que : Ceux qui sont allés pleurer sur son corps à Ville-d'Avray, ont voulu faire bien comprendre par ce fait, à tous les gambettistes dans les fonctions publiques, qu'ils comptaient suivre les préceptes de leur chef. — Dans le même but, les portraits de Gambetta, que l'on répand à grands frais, n'ont pour motif que de faire une légende populaire au gambettisme, afin de donner une consécration nouvelle au métier politique.

****

Le noyau de cette secte s'est formé en 1869 ; c'est donc davantage le gambettisme que Gambetta, qu'un ballon parti de Paris en septembre 1870 amena à Tours, où ce dictateur dépensa treize cent quinze millions pour sa Défense nationale, dirigée en dépit du sens commun. — Le gambettisme fut réorganisé à la suite ; mais il sortit tellement puissant de cette tragi-comédie, qu'il arrêta le duc Pasquier dans ses critiques sur les marchés de la guerre ; puis, il s'imposa à M. Thiers, qu'il força d'adopter son patron pour successeur.

Le gambettisme est donc, en réalité, pratiqué sur nos budgets depuis la Défense nationale ; les hommes du 16 mai eux-mêmes l'ont employé, tout en repoussant Gambetta comme n'étant pas de leur église, mais en copiant en tous points son système gouvernemental.

Les paroles de Gambetta dans les commissions législatives, lorsqu'il est tombé du grand ministère, indiquent irréfutablement les passions ambitieuses du gambettisme. — La force de Gambetta a consisté en ce que : — Il considérait toujours ses adhérents comme les copartageants de toutes ses spéculations gouvernementales, guerrières, financières, électorales, etc., etc. — Seulement, une fois ce moyen d'action connu de ses électeurs de Belleville, son impopularité commença. — Toute la puissance du gambettisme résida donc et réside encore dans la dépense légale de la fortune du pays.

****

Je lisais ce qui précède à notre groupe ; un adhérent se leva et dit : — « *Tout cela est la vérité, néanmoins, notre campagne com-*

« *mencée, jè crains que les trembleurs et ignorants de la bourgeoisie ne pré-*
« *fèrent encore le Barrabas moderne, qui est le politicisme, oubliant qu'ils*
« *continueront fatalement à être plumés vifs par lui.* » — Alors, la majorité de la réunion se récria; elle prétendit avec raison qu'il fallait au moins
attendre des faits pour croire à un pareil vide dans les consciences.

Et pourtant, si les patrons des industries voulaient s'unir dans une
patriotique pensée de relèvement national, le pays serait bientôt sauvé, et
les sectaires du Gambetta-Barrabas seraient chassés du Prétoire par l'organisation professionnelle.

Edifions donc les craintifs sur les budgets du gambettisme.

Les budgets complets d'Etat, d'emprunts, du commerce et des départements,
débutent en 1871 par environ le même chiffre que celui du dernier budget de l'Empire, soit francs.. 3.000.000.000

Mais les budgets du gambettisme arrivent en dix ans, c'est-à-dire
en 1880, comme on vient de le constater, au chiffre insensé de fr... 4.130.000.000

L'éloquence de ces chiffres est indéniable.

RÉFLEXIONS

Ce qui relèvera la France, ce sont les
lois professionnelles.

A

Les lois professionnelles doteraient la France d'une immense fortune
industrielle, par l'organisation des échanges et des débouchés, par les tarifs
de vente et de façon et l'apprentissage gratuit et obligatoire; — au lieu de
cette situation prospère, voici celle que nous subissons.

1° Cent treize millions en moyenne d'augmentation annuelle et
ininterrompue de nos budgets, au-dessus de la colossale exploitation
gouvernementale du dernier Empire et avec deux provinces en moins,
voilà le fruit du gambettisme, il est donc absolument logique de dire :
— De même que le bonapartisme, ou plutôt le ***mornisme***, le gambettisme n'est pas un parti, c'est une profession.

Gambetta, c'était le gambettisme; voilà pourquoi je viens d'essayer
l'étude de l'homme afin que nous connaissions tous son œuvre, — cela est
urgent; — Catherine de Médicis disait : ***morte la bête, mort le venin;***
mais ici ce n'est pas le cas, en effet, Gambetta est mort, mais son venin
existe; — ce venin était déjà celui du duc de Morny.

2° Le métier politique a si longtemps corrompu les sources vitales de
la production nationale que : En travaillant beaucoup, la majorité des fa-
bricants et industriels ne retire plus aujourd'hui que des pertes dans ses
affaires; cette situation persistera et empirera même beaucoup, malgré
des mieux passagers, parce que les sources mêmes de la fortune produc-
tive sont de plus en plus taries par les exploitations du politicisme.

Voici une similitude des causes de cette funeste situation.

Lorsqu'un ver entre dans une poire, il dévore de l'épaisseur d'une aiguille
le bas de sa chair et pourrit peu à peu le reste du fruit en se logeant
dans son cœur. Les gambettistes traitent de même le beau fruit que l'on

appelle la Nation française. Les contribuables auraient donc intérêt à payer les trois milliards que les sectes politiques dévorent en trop et au minimum tous les ans, afin de les empêcher de gâter le reste de la fortune nationale. L'organisation professionnelle enrichira tellement la France et les Français que cette transaction imaginaire serait encore une excellente affaire.

Mais comme les gambettistes n'admettront jamais qu'ils ruinent le pays, voici une figure de ce qu'il y a lieu de faire, afin de pouvoir facilement préparer le relèvement de la France par de bonnes ***lois professionnelles.***

3° Au commencement de ce siècle, Toussaint Louverture excitait les nègres de Saint-Domingue à la révolte contre les blancs d'Europe, absolument comme je cherche à le faire aujourd'hui pour les patrons et ouvriers, nègres de notre état social, contre les politiciens et le gambettisme.

Un jour, Toussaint Louverture monta en chaire dans une église pleine de noirs, ayant à la main un grand verre rempli de petites graines brunes : « — Ces graines qui remplissent mon verre représentent la population générale de notre pays, dit-il ; — alors, Toussaint, parsemant quelques graines blanches sur le verre de graines noires dit alors aux nègres: Les graines blanches représentent la minime proportion des blancs qui vous oppriment et vous dépouillent de vos biens ; puis, remuant le verre, il ajouta, de même que ces petites graines blanches viennent de disparaître en un tour de main dans la masse des graines noires ; de même, vous pouvez faire disparaître les blancs dans vos rangs et diriger vous-même vos affaires publiques. »

Messieurs, j'ai l'honneur de vous présenter la même image et de vous donner le même conseil, relativement aux gambettistes et autres politiciens.

B

Lorsque les sectes privilégiées recevaient cinq cents millions seulement par an des contribuables, au commencement de ce siècle, elles ne s'occupaient en aucune façon des intérêts producteurs de ceux qui les payaient ; — mais aujourd'hui que ces sectes perçoivent treize fois plus qu'alors, elles s'occupent encore moins, si c'est possible, des intérêts producteurs du pays qu'elles rançonnent si largement ; — cet abandon de remplir ses devoirs et cette ardeur à jouir des droits bursaux de plus en plus exorbitants et disproportionnés, a produit deux résultats principaux :

1° La décadence complète de toutes les sources vitales de la production nationale ;

2° La spoliation absolue de toute la fortune mobilière et immobilière de la France et des Français par les sectes politiques.

Les plaintes relatives au premier de ces points sont aujourd'hui dans toutes les bouches :

Un exemple entre mille.

Les désastreuses conditions introduites dans nos traités de commerce depuis le commencement du dernier Empire, n'ont pu l'être que grâce au même moyen employé par les Anglais pour prendre le fort de Tell El-Kébir, qui leur a donné l'Egypte. — Si les commissaires français avaient été de grands industriels, intéressés à la question, au lieu d'être des poli ticiens, qui sont tous affamés et dévorés d'ambition, notre exportation ne serait pas aux trois quarts perdue, comme elle l'est. — En résumé, par les désavantageuses conditions de nos traités de commerce, par l'exploitation officielle de l'Etat et par nos grèves persistantes, etc., la poule aux œufs d'or du travail national est presque tuée aujourd'hui. ·

Voici la justification du second point.

Les dernières statistiques évaluent à 150 milliards de francs la fortune mobilière et immobilière de la France et des Français, déduction faite du milliard de francs des revenus vignobles qu'a détruits le phylloxera.

Exagérons beaucoup cette fortune et mettons que la France et les Français possèdent deux cents milliards de francs en toute espèce de biens et valeurs ; — d'un autre côté, il est constaté que la terre ne rapporte que un et demi à deux et demi pour cent par an, les maisons quatre pour cent, l'argent dans le commerce cinq pour cent, l'escompte du papier à la banque trois pour cent par an ; — or, en comptant l'intérêt de tous les biens de la France et des Français à trois pour cent (*taux exagéré*), on voit que les contribuables de la Nation paient le revenu entier et plus de ce qu'ils possèdent aux sectes politiques, — puisque les impôts du pays dépassent de beaucoup six milliards de francs chaque année.

Cette simple constatation se passe de commentaires.

Il faut que tout cela finisse, s'écrie-t-on de toute part depuis bien des années, mais les moyens ?

Les moyens, je puis dire : — Les voici.

LA SOCIÉTÉ DE SALUT PUBLIC

En s'appuyant sur la loi du 24 juillet 1867, il y a lieu de fonder une Société de Salut public entre un nombre suffisant de patrons du commerce et de la propriété ; parce qu'il est certain que l'heure de la ruine générale du pays va sonner, si les intéressés ne font rien pour sauver le pays. — Cette Société aurait son centre à Paris et des succursales ou Sociétés affiliées dans chacun des départements ; elle aurait des journaux, lesquels, bien rédigés, auront peu à peu. et pour ainsi dire le peuple entier des patrons et ouvriers français, pour abonnés et lecteurs.

Notre Société s'entourera, d'abord, des excellents pères de familles ouvriers et employés des patrons actionnaires ; puis, les travaux de nos assemblées générales étant connus pour avoir l'unique but de relever la France et d'émanciper les patrons et ouvriers par l'organisation profession-nelle ; alors, tous les ouvriers laborieux viendront, petit à petit, adhérer à notre Société et à ses succursales ; puis, il ne resterait bientôt plus en dehors des gerbes du travail français que les ouvriers politiciens, aboyeurs des réunions électorales. — En cet état, chaque élection municipale ou légis-lative se ferait sous l'influence des Sociétés de salut public, et cela dans toute la France, parce que nos statuts prévoient que le Conseil syndi-cal de chaque centre dirigera les réunions électorales, avec les délégués des patrons, ouvriers et employés de la localité, mais surtout sans politiciens.

C'est dans les conditions ci-dessus que j'ai étudié, puis libellé, un projet de Société anonyme pour établir l'organisation professionnelle en France, c'est-à-dire pour mettre l'administration de la fortune du pays entre les mains des délégués des patrons et ouvriers du travail national, par le suffrage universel appliqué professionnellement. Du reste, messieurs, vous allez juger ce projet, puisque j'ai l'honneur de vous en proposer les articles à la fin de ces explications préliminaires. — Muni d'un exemplaire de la présente lettre, chacun peut donc se servir de ce projet pour fonder une Société du même genre dans son département, avec un nombre suffisant d'actionnaires pour assurer son succès.

Appuyée sur les lois existantes, cette société rendra peu à peu impossible les spéculations politiques, qui ont ruiné le pays, elle les remplacera par un développement inimaginable du commerce et de l'industrie, enfin du travail en général, par les échanges organisés et les débouchés cherchés professionnellement, puis, protégés avec les forces que possède l'Etat; par ces moyens : La France reconstituera petit à petit sa fortune, si compromise aujourd'hui.

Animé de cette large pensée, je suis depuis vingt ans sur la brèche. Parmi les milliers de correspondants avec lesquels mes ouvrages m'ont mis en rapport, il s'est formé peu à peu un groupe important et sympathique de commerçants et d'industriels, patrons et ouvriers.

Personne ne nie plus que le métier politique soit la cause fondamentale de la ruine du pays; d'un autre côté, tout le monde reconnait qu'une bonne organisation professionnelle donnerait la richesse et le bien-être aux patrons et aux ouvriers; alors, pourquoi hésiter? — Ces considérations m'ont résolu à vous convier, messieurs les représentants de toute la haute industrie française, à venir aider, par votre adhésion à la Société que j'ai l'honneur de vous proposer, à sauver la France du faux système administratif qui la compromet.

CONCLUSIONS

J'ai dit bien souvent dans mes ouvrages que : **Les hommes sont bons**, seules, nos institutions sont perfides. — En effet, je me suis adressé longtemps à divers hommes haut placés; j'ai même envoyé autrefois un Mémoire au maréchal Mac-Mahon, alors président de la République, — pour demander l'organisation professionnelle et la destruction du métier politique; il m'a généralement été répondu à peu près ceci :

« *Quant au fond de vos ouvrages, vous avez raison; seulement vous allez* « *trop loin dans vos reproches aux hommes des divers pouvoirs qui se sont* « *succédé en France. — Tout le mal vient de ce que, par le suffrage universel* « *qu'ils abandonnent, les patrons et ouvriers sérieux* **(et c'est la masse)** *laissent* « *nommer partout des déclassés et des politiciens sans aucune responsabilité,* « *avec lesquels nous ne pouvons faire que de la mauvaise besogne gouverne-* « *mentale.*

*« Comment se fait-il que vous, les contribuables, vous ne vous organisiez
« pas afin de diriger le suffrage universel qui est à vous, et semble fait
« pour votre service particulier? — vous avez mille fois plus qu'il ne vous en
« faut de patrons et ouvriers honnêtes et intelligents parmi vous, pour être
« vos délégués, ainsi que des hommes pratiques rompus aux affaires pour
« administrer vos intérêts publics. — En un mot, ce sont les jouisseurs et les
« risque-tout que vous laissez nommer, qui font tout le mal du pays ainsi
« que des affaires financières et autres. »*

****

Vous-mêmes, messieurs, avez été animés d'une semblable pensée,
lorsque vous avez adressé, en février dernier, des pétitions à peu près
dans ce sens à M. le président de la République. M. Jules Grévy vous a
répondu : *« Qu'il chercherait, par tous les moyens en son pouvoir à aider au
« relèvement et à la prospérité du commerce et de l'industrie ».* — Prenons
bonne note de cette promesse, mais en nous souvenant bien que :

Le grand ennemi du progrès social, c'est **la puissance d'habitude;**
— de par cet atrophiant, — si la guerre de 1870 n'était pas venue ouvrir tous
les yeux sur l'exploitation gouvernementale du dernier empire, les popu-
lations françaises seraient encore sous le fétichisme des Napoléon; — en
principe, il en est de même aujourd'hui. — En effet, beaucoup de patrons
n'osent pas se rallier à l'émancipation des masses par le travail organisé, parce qu'ils ne comprennent pas encore pourquoi les masses constituent la terre de leur champ ; mais si le champ populaire était cultivé il
les enrichirait forcément; — enfin, la ruine de notre pays vient de ce que
le politicisme empêche cette utile et glorieuse culture.

Faudra-t-il donc attendre le grand cataclysme qui se prépare à nou-
veau, pour que les yeux s'ouvrent encore une fois? — En résumé, les
contribuables sont tous actuellement des grains de sable, sans forces
vis-à-vis du métier politique, organisé fortement en corporations gouvernantes; mais la Société que je propose ferait peu à peu de nous des
blocs de granit sociaux, par agglomération syndicale; en un mot, cette
Société **remettra toute chose en place.**

Les capitaux à employer en actions dans ce but aussi national que
philanthropique doivent évidemment être paternels ; néanmoins, notre
Société pourra fort bien gagner de l'argent, et peut-être même beaucoup
d'argent à ses actionnaires; dans tous les cas, le plus grand service qui
ait jamais été reçu par un pays sera rendu par elle à la civilisation.

Veuillez agréer, Messieurs, l'expression de mes sentiments les plus dis-
tingués.

J.-P. MAZAROZ,

Notable commerçant de la ville de Paris,
94, boulevard Richard-Lenoir.

PROJET DE SOCIÉTÉ

STATUTS

J.-P. MAZAROZ

PROMOTEUR

CE PROJET EST DÉPOSÉ SELON LA LOI

TITRE PREMIER

Dénomination de la Société. — Son objet. — Son siège. — Sa durée.

ARTICLE PREMIER

Par les présents, il est formé une société anonyme dont voici le titre : — *Société ayant pour but d'établir l'organisation professionnelle en France.*

Les adhérents de cette société considèrent que : — Le travail étant la base de toute fortune, l'instruction et l'émancipation des producteurs par le travail organisé, sont des actes de bonne administration à l'actif des citoyens qui s'en occupent.

ART. 2

La mission de la présente société est indiquée par son titre, — mais son moyen d'opérer est d'amener peu à peu, — sous le couvert et la protection des lois existantes, les patrons et ouvriers des professions générales, de l'agriculture, du commerce et de la propriété, — à la direction et à l'administration de tous les intérêts publics, en faisant nommer des patrons et des ouvriers en nombre égal par le suffrage universel, membres de la Chambre des députés et des conseils municipaux, etc.

ART. 3

Le siège de la Société est fixé à Paris, son action s'étend dans tout le département de la Seine, puis par fédération dans toute la France; — à cet effet, l'établissement de succursales et d'agences sera provoqué dans tous les départements français; — et cela, afin que le but auquel tend la Société, s'accomplisse le plus tôt possible dans le pays entier.

ART. 4

La durée de la Société est fixée à quatre-vingt-dix-neuf ans, à partir de sa constitution.

TITRE II

Capital social

ART. 5

Le fonds social, fixé à deux millions de francs, est réparti en quatre mille actions de cinq cents francs chacune : — Le fonds social pourra être augmenté d'un autre million et même d'un chiffre supérieur, sur la proposition du conseil d'administration approuvée par la majorité de l'assemblée générale, représentant dans son ensemble, au moins la moitié du capital versé.

La Société sera de droit constituée, après une souscription préliminaire de cinq cent mille francs de capital actions et le versement du quart de ce capital.

ART. 6.

Le montant des actions est payable, savoir :

25 0/0 au moment de la souscription ;

Et les 75 0/0 restant, aux époques fixées par le Conseil d'administration.

ART. 7.

Jusqu'à la libération intégrale de chaque action, il ne sera délivré que des certificats provisoires constatant les versements effectués.

ART. 8.

Les actions sont nominatives ou au porteur, au choix du titulaire.

ART. 9.

Les certificats, ainsi que les actions, sont détachés d'un livre à souche, revêtus d'un numéro d'ordre et signés par un syndic ainsi que par le directeur.

ART. 10.

Le montant des actions est payable à Paris ou aux sièges indiqués par la Société.

Toute somme dont le paiement est retardé porte intérêt de plein droit en faveur de la Société, à raison de 6 0/0 par an à compter du jour de l'exigibilité, sans demande en justice.

ART. 11.

A défaut de versement, le Conseil d'administration fera vendre les actions en souffrance aux frais, risques et périls des retardataires, dix jours après un acte de mise en demeure extra-judiciaire resté sans effet.

Sur le produit de la vente, le Conseil d'administration prélèvera ce qui sera dû à la Société, y compris les frais et les intérêts pour chaque jour de retard, à raison de 6 0/0 par an. L'excédent, s'il y en a, sera remis à l'actionnaire, et, en cas de déficit, la Société en poursuivra le remboursement par toutes les voies légales.

ART. 12.

Les actions sont indivisibles, et la Société ne reconnaît qu'un propriétaire par titre.

ART. 13.

Les droits et les obligations suivent le titre, dans quelques mains qu'il passe.

La propriété d'une action comporte de plein droit adhésion aux présents statuts.

Les héritiers, créanciers ou ayants droit de l'actionnaire ne peuvent, sous quelque prétexte que ce soit, provoquer l'apposition des scellés sur les livres et les valeurs de la Société, les frapper d'opposition, en demander la licitation ou le partage, ni s'immiscer en aucune manière dans son administration. Ils devront, pour l'exercice de leurs droits, s'en rapporter aux inventaires sociaux et aux délibérations de l'assemblée générale.

ART. 14.

L'actionnaire qui aura perdu son titre pourra, en justifiant de la propriété et de la perte du titre, se faire délivrer par la Société un duplicata non transmissible; — mais les intérêts et dividendes ne lui seront payés que cinq ans après les échéances.

TITRE III

Opérations de la Société.

ART. 15.

La Société est autorisée à faire paraître un journal quotidien sous le titre de, *La République Professionnelle*, et tous autres selon la décision de la majorité du Conseil d'administration.

ART. 16.

Se conformant exactement à la loi organique du suffrage universel actuel, la Société provoque des réunions électorales, dirigées par des syndics patrons et ouvriers des groupes professionnels existants, les candidats patrons et ouvriers désignés par ces groupes seront présentés aux suffrages des électeurs, soit dans leurs circonscriptions respectives, soit par le scrutin de liste.

ART. 17.

Par ses journaux, par des brochures, des conférences et par tous les autres moyens utiles et pratiques, la Société renseignera à ses frais les électeurs sur les candidats de l'industrie et du commerce qui leur seront ainsi présentés, en instruisant les électeurs sur l'excellence du suffrage professionnel et sur les avantages que leur donnera la représentation des intérêts.

Les députés élus par les soins de la Société abandonnent à cette dernière le tiers de leurs traitements pour lui rembourser une partie de ses frais, à moins qu'ils ne préfèrent payer eux-mêmes lesdits frais, comme cela se fait aujourd'hui.

TITRE IV

Administration de la Société.

ART. 18.

La Société est administrée :
1° Par sept administrateurs.
Les sept administrateurs seront nommés par les cent adhérents aux présents statuts, habitant le département de la Seine, choisis par le sort, dans le nombre des adhésions reçues dans les trente jours suivants la distribution complète des exemplaires du présent projet de société, accompagné de ses considérants.

Cette première assemblée décidera la forme et les conditions de la souscription ; — les membres de son bureau seront les sept administrateurs nommés par elle.

2° Par un Conseil syndical composé de trente membres, moitié patrons et moitié ouvriers ou employés, choisis par la première assemblée générale des actionnaires, sur la présentation du Conseil d'administration, parmi les divers groupes du commerce, de l'industrie et de la propriété du département, pour une période de trois années.

3° Les administrateurs sont, de droit, membres du Conseil syndical, ce qui porte le chiffre de ce conseil à 37 syndics.

ART. 19.

Chaque administrateur fondateur doit être propriétaire de 25 actions.

Ces 25 actions seront affectées à la garantie de sa gestion, et pendant toute la durée de son mandat, les titres seront déposés dans la caisse de la Société; ils seront frappés d'un timbre sec indiquant qu'ils sont inaliénables par destination spéciale.

ART. 20.

En cas de vacance d'un administrateur, par suite de décès ou autre cause, le conseil syndical pourvoit à son remplacement, en choisissant parmi les syndics de l'industrie, du commerce et de la propriété, un homme de bonne volonté, dévoué aux principes rédempteurs de l'organisation professionnelle, ayant le temps et le désir de s'occuper des intérêts de la patrie.

ART. 21.

Les membres du Conseil syndical sont rééligibles tous les ans par tiers, à la majorité de l'assemblée générale, le premier dimanche de mai.

ART. 22.

Les administrateurs et les membres

du Conseil syndical sont rémunérés par des jetons de présence et, s'il y a lieu, par une part dans les bénéfices.

ART. 23.

L'administration du ou des journaux a lieu par des délégués aux ordres des administrateurs.

ART. 24.

L'administration électorale et professionnelle de la Société a lieu par le Conseil syndical, complété par les sept administrateurs, ainsi que pour tous les délégués des syndicats professionnels correspondants, que le Conseil syndical jugera utile de s'adjoindre par comités.

ART. 25.

Les administrateurs se réunissent chaque fois que l'intérêt de la Société l'exige, mais officiellement une fois par semaine.

Les administrateurs peuvent se faire remplacer par des fondés de pouvoir.

Le Conseil syndical se réunit une fois par mois et son bureau tous les huit jours, avec le conseil d'administration.

ART. 26.

Les délibérations des deux Conseils sont constatées par des procès-verbaux en double, dont une copie reste dans la caisse de la Société, et l'autre dans les bureaux ou caisses des secrétaires.

ART. 27.

Les deux Conseils ont les pouvoirs les plus étendus, chacun dans leurs attributions, l'un pour l'administration générale, et détaillée de tous les actes, relations et transactions de la Société, et l'autre pour le développement et la bonne direction du but pratique de l'association.

Les présentes attributions pourront être modifiées ou mieux expliquées, suivant l'expérience des faits, et cela par l'assemblée générale, chaque année, sur la proposition du Conseil syndical au complet.

TITRE V

Censeur

ART. 28.

Les opérations de la Société sont surveillées par un censeur.

Le censeur doit garantir sa responsabilité exactement comme chacun des administrateurs.

En cas de décès, retraite ou empêchement, il est pourvu à son remplacement provisoire par la Chambre syndicale des comptables du département de la Seine ; la première assemblée générale nomme son successeur.

La durée des fonctions du censeur est d'une année, il est nommé par l'assemblée générale, qui fixe également l'indemnité à laquelle il a droit.

Le censeur surveille tout, mais surtout les comptabilités et la stricte observation des statuts au point de vue administratif.

TITRE VI

Direction

ART. 29.

Les affaires courantes de la Société sont gérées par un Directeur.

Il pourra déléguer tout ou partie de ses pouvoirs à un ou plusieurs Sous-Directeurs.

Le Directeur doit être l'un des administrateurs, dont il est le président ; — il est nommé par le Conseil syndical et doit être propriétaire de 50 actions.

Les Sous-Directeurs sont nommés par le Conseil syndical sur la présentation du Directeur.

Ils doivent être propriétaires chacun de 25 actions, qui sont, ainsi que celles du directeur, inaliénables pendant la durée de leurs fonctions. Elles sont affectées à la garantie de leur gestion et restent déposées dans la caisse sociale, jusqu'à l'apurement des comptes particuliers de chacun d'eux.

Le Directeur et les Sous-Directeurs reçoivent annuellement, pendant la durée de leurs fonctions, un traitement fixé par le Conseil d'administration.

Art. 30.

Les Sous-Directeurs assistent, avec voix consultative, aux délibérations du Conseil d'administration et du Conseil syndical.

Art. 31.

Le Directeur est revêtu de toutes les attributions habituelles aux mêmes fonctions dans les Sociétés anonymes, établies et fonctionnant comme la présente, d'après la loi de 1867.

TITRE VII

Assemblées générales

Art. 32.

L'Assemblée générale, composée d'actionnaires ayant au moins chacun 10 actions, se réunit de droit chaque année dans le courant du premier trimestre. Toutefois, l'époque de la première Assemblée sera fixée par le Conseil syndical.

L'Assemblée générale, régulièrement constituée, représente l'universalité des actionnaires.

Des Assemblées extraordinaires peuvent être convoquées toutes les fois que le Conseil en reconnaît l'utilité ; cependant les syndics sont tenus de convoquer, sans retard, une assemblée générale extraordinaire, sur une réquisition motivée, faite par dix actionnaires au moins, représentant le dixième du capital social.

Les convocations aux assemblées sont faites vingt jours au moins à l'avance, par un avis inséré dans un des journaux désignés pour les annonces légales à Paris.

Art. 33.

L'Assemblée générale est régulièrement constituée, lorsque les actionnaires présents ou représentés sont au nombre de cinquante et réunissent au moins le quart des actions émises.

Si cette condition n'est pas remplie sur une première convocation, il est fait immédiatement une seconde convocation dans les mêmes délais.

Les membres présents à la seconde réunion délibèrent valablement, quel que soit le nombre des actions représentées, mais seulement sur les objets à l'ordre du jour de la première.

Art. 34.

Les propriétaires d'actions au porteur doivent, pour avoir droit d'assister à l'Assemblée générale, déposer leurs titres dans les caisses désignées par l'avis de convocation, cinq jours avant l'époque fixée pour la réunion. Il est remis à chaque déposant un certificat de dépôt et une carte d'admission, laquelle est nominative et personnelle.

Nul ne peut être porteur de pouvoirs d'actionnaires s'il n'est lui-même membre de l'Assemblée générale.

Art. 35.

L'ordre du jour est arrêté par le Conseil syndical au complet.

Doivent être portées sur cet ordre du jour les propositions faites cinq jours d'avance par dix actionnaires au moins, membres de l'Assemblée et propriétaires de 150 actions.

Aucun autre objet que ceux à l'ordre du jour ne peut être mis en délibération.

Art. 36.

L'Assemblée générale est présidée par le président du Conseil syndical ou du Conseil d'administration, et, en cas d'empêchement, par celui de leurs membres désigné à cet effet par le Conseil syndical.

Les deux plus forts actionnaires en dehors du Conseil, présents à l'ouverture de la séance, remplissent les fonctions de scrutateurs, et, sur leur refus, les deux plus forts actionnaires après eux, jusqu'à acceptation. Le bureau ainsi constitué désigne le secrétaire.

Art. 37.

Les décisions sont prises à la majorité

des voix des membres présents ou représentés; en cas de partage, la voix du président est prépondérante.

Les délibérations prises conformément aux Statuts obligent tous les actionnaires, ainsi que les absents ou dissidents.

ART. 38.

Les délibérations relatives aux augmentations du fonds social prévu par l'article 5, aux modifications et additions aux Statuts, à la prorogation et à la dissolution anticipée de la Société, et à toute cession, fusion ou alliance par voie d'apport ou de toute autre manière avec toute compagnie, ne peuvent être prises que dans une assemblée réunissant au moins la moitié des actions émises et à la majorité des deux tiers des voix des membres présents.

Dans le cas où sur une première convocation les actionnaires présents ne remplissent pas les conditions imposées pour la validité des opérations de l'Assemblée générale, il sera procédé à une seconde convocation, au moins à vingt jours d'intervalle.

Les délibérations de l'Assemblée générale, réunie en vertu de cette seconde convocation, seront valables, pourvu qu'elles soient prises à la majorité des deux tiers des voix des membres présents, et que les actionnaires présents ou représentés soient au nombre de cinquante et réunissent le quart des actions émises.

ART. 39.

Les votes sont exprimés par assis et levé, à moins que le scrutin secret soit demandé par 10 membres au moins.

Il est compté à chaque actionnaire autant de voix qu'il a de fois 10 actions, sans toutefois que le même actionnaire puisse avoir plus de 3 voix, soit pour lui-même, soit comme fondé de pouvoir.

ART. 40.

L'Assemblée générale discute, approuve, rejette et modifie les bilans et les comptes après avoir entendu les rapports des syndics sur les affaires spéciales et ceux des censeurs sur la situation de la Société.

Elle nomme les syndics en remplacement de ceux dont les fonctions sont expirées ou qu'il y a lieu de remplacer par suite de décès, démission ou autre cause.

Elle statue sur les démissions données par les syndics.

Elle fixe le dividende et délibère sur les propositions portées à l'ordre du jour.

Enfin elle prononce souverainement sur tous les intérêts de la Société.

ART. 41.

Les délibérations de l'Assemblée générale sont constatées par des procès-verbaux signés par les membres composant le bureau.

Une feuille de présence, énonçant les noms et domicile des actionnaires et le nombre d'actions représentées par chacun d'eux, soit comme propriétaire, soit comme mandataire, demeure annexée à la minute du procès-verbal. Cette feuille est signée par les actionnaires membres de l'Assemblée. Elle est certifiée par le bureau et reste déposée au siège social pour être communiquée à tout actionnaire requérant.

ART. 42.

La justification à faire vis-à-vis de tiers, des délibérations de l'Assemblée, résulte des copies ou extraits certifiés conformes par le président du Conseil syndical.

TITRE VIII

Comptes annuels. — Partage des bénéfices. — Fonds de réserve et de prévoyance.

ART. 43.

Les comptes de la Société sont clos chaque année au 31 décembre.

L'inventaire, le bilan et le compte de profits et pertes, sont mis à la disposition du censeur trois mois au plus tôt, et un mois au plus tard, avant la réunion de l'Assemblée générale.

Art. 44.

Les produits nets, déduction faite de toutes les charges, constituent les bénéfices.

Sur ces bénéfices, il est prélevé :

1° 5 0/0 pour constituer le fonds de réserve de la Société;

2° 5 0/0 pour un fonds de disponibilité créé en vue de frais imprévus et indemnités urgentes, à décider par le Conseil syndical;

3° La somme nécessaire pour servir les intérêts du capital aux actionnaires, sur la partie du capital dont le versement aura été effectué et selon le taux décidé par le Conseil syndical.

L'excédent sera réparti comme suit :

10 0/0 à un fonds de prévoyance :
5 0/0 au Conseil syndical ;
5 0/0 au directeur;
5 0/0 aux employés (la répartition sera faite par le Conseil syndical, sur la proposition du directeur).

Le reliquat formant les dividendes sera distribué, savoir :

10 0/0 pour encourager les apprentissages;

10 0/0 pour encourager les échanges des produits du travail national, et 80 0/0 aux actionnaires, au prorata de leurs actions.

Art. 45.

Le payement des prélèvements et dividendes se fait annuellement, aux époques fixées par l'Assemblée générale des actionnaires.

Le Conseil syndical pourra décider la distribution d'acomptes à valoir sur le dividende de l'exercice courant.

Art. 46.

Tout dividende qui n'est pas réclamé dans les cinq ans de son exigibilité est prescrit au profit de la Société.

Art. 47.

Le fonds de réserve se compose des annuités.

Le fonds de prévoyance se compose des 10 0/0 qui lui sont attribués sur les bénéfices, des 20 0/0 sur les dividendes en faveur des apprentissages et des échanges; puis, des dons et legs de toute nature que voudront bien y verser les personnes qui s'intéresseront à l'œuvre d'émancipation populaire que la présente Société a en vue.

Le fonds de prévoyance est destiné, pour partie, aux Caisses mutuelles des travailleurs, ainsi qu'à toute autre œuvre ayant pour but l'émancipation du prolétariat français, — le tout, selon les décisions du Conseil des administrateurs fondateurs.

TITRE IX

Prorogation, dissolution, liquidation, contestations.

Art. 48.

L'Assemblée générale, délibérant dans les conditions fixées par l'article 38, peut prononcer la prorogation ou la dissolution de la Société avant le terme de 99 ans fixé par l'article 4.

Art. 49.

Si la dissolution de la Société est décidée, l'Assemblée détermine le mode de liquidation à suivre et nomme, s'il y a lieu, les liquidateurs, dont elle fixe les émoluments et les pouvoirs.

La nomination des liquidateurs met fin aux pouvoirs du Conseil d'administration.

Art. 50.

Les actionnaires, sur la demande des membres formant la commission de liquidation, sont tenus d'effectuer les versements jusqu'à concurrence de l'entière libération de leurs actions.

Art. 51.

Les liquidateurs ne pourront faire le transport des droits, actions et obligations de la Société dissoute à une autre Société, qu'en vertu d'une délibération de l'Assemblée générale. De plus, pendant toute la durée de la liquidation, les pouvoirs de l'Assemblée générale se continuent. Elle a, notamment, le droit d'approuver les comptes de la liquidation et d'en donner quittance.

ART. 52.

En cas de contestations, tout actionnaire devra faire élection de domicile à Paris, et toute notification ou assignation sera valablement faite au domicile élu par lui, sans avoir égard à la distance du domicile réel.

A défaut d'élection de domicile, cette élection aura lieu de plein droit, pour les notifications judiciaires, au parquet de M. le procureur de la République près le tribunal de première instance de la Seine.

ART. 53.

En cas d'une dissolution anticipée, le fonds de prévoyance sera remis dans les mains du bureau du Conseil syndical, afin que son montant, quel qu'il soit, reçoive la destination que lui donnent les présents statuts.

PARIS. — IMPRIMERIE NOUVELLE (ASSOC. OUVR.), 11, RUE CADET. — G. MASQUIN, DIRECTEUR

PROJET DE SOCIÉTÉ

AYANT POUR BUT D'ÉTABLIR

L'ORGANISATION PROFESSIONNELLE EN FRANCE

PAR LA RÉFORME ÉLECTORALE

J.-P. MAZAROZ, promoteur

SOCIÉTÉ ANONYME

Capital : 2,000,000 de francs

DIVISÉ EN 4,000 ACTIONS DE 500 FRANCS

Bulletin d'adhésion

Je soussigné (nom et prénoms) ....

demeurant à ....

déclare adhérer, **en principe**, à la présente Société en constitution.

Fait à .... *le* .... 1883.

(Signature)

N.-B. — Prière d'écrire lisiblement les nom, prénoms et adresses.

PROJET DE SOCIÉTÉ

AYANT POUR BUT D'ÉTABLIR

L'ORGANISATION PROFESSIONNELLE EN FRANCE

PAR LA RÉFORME ÉLECTORALE

J.-P. MAZAROZ, promoteur

SOCIÉTÉ ANONYME

Capital : 2,000,000 de francs

DIVISÉ EN 4,000 ACTIONS DE 500 FRANCS

Bulletin d'adhésion

Je soussigné (nom et prénoms) ....

demeurant à ....

déclare adhérer, **en principe**, à la présente Société en constitution.

Fait à .... *le* .... 1883.

(Signature)

N.-B. — Prière d'écrire lisiblement les nom, prénoms et adresses.

 www.ingramcontent.com/pod-product-compliance
Ingram Content Group UK Ltd.
Pitfield, Milton Keynes, MK11 3LW, UK
UKHW021048120726
13693UKWH00006B/2507